RAPPORT

SUR

LA PRESSE DE PROVINCE

PAR

M. LE BARON VITAL DE ROCHETAILLÉE

EXTRAIT DU COMPTE RENDU

DE L'ASSEMBLÉE GÉNÉRALE DES COMITÉS CATHOLIQUES DE FRANCE

(Des 19, 20, 21, 23 et 24 mai 1873.)

PARIS

BUREAU DU COMITÉ CATHOLIQUE DE PARIS

Rue de l'Université, 47.

1873

RAPPORT

SUR

LA PRESSE DE PROVINCE

PAR

M. LE BARON VITAL DE ROCHETAILLÉE

EXTRAIT DU COMPTE RENDU

DE L'ASSEMBLÉE GÉNÉRALE DES COMITÉS CATHOLIQUES DE FRANCE

PARIS

BUREAU DU COMITÉ CATHOLIQUE DE PARIS
Rue de l'Université, 47.

1873

RAPPORT

SUR

LA PRESSE DE PROVINCE

MESSIEURS,

Dans notre rapport de l'année dernière, nous vous avons parlé des économies qui pourraient être réalisées dans la rédaction et dans la composition des journaux de province.

Nous vous avons signalé le système des journaux coupés tel qu'il se pratique en Amérique. Le système des empreintes et des clichés.

Depuis l'année dernière, nous avons examiné ces divers projets, et voici le résultat de nos études.

Notre législation s'oppose au système du journal coupé; car, deux feuilles mises sous la même bande paient un double port, toutes les fois que la seconde feuille ne s'occupe pas exclusivement des débats de la Chambre.

Au lieu de réaliser une économie, nous augmenterions nos dépenses. Par la force des choses, ce système semble donc écarté.

Nous aurions voulu profiter des avantages du journal coupé, en collant la demi-feuille envoyée de Paris, à une demi-feuille composée et faite en province. Au dire des imprimeurs, cette opération est longue et difficile. Il nous semble qu'on en exagère les difficultés.

Avant d'examiner le parti que l'on pourrait tirer des empreintes et des clichés, nous avons étudié un système mixte : celui d'un journal dont la première feuille serait imprimée à Paris et la seconde en province.

Des difficultés matérielles et sérieuses s'opposent à la réalisation de ce projet.

Les imprimeurs mouillent toujours leur papier

avant de l'imprimer : il faut qu'il soit encore humide lorsqu'il passe sous la presse.

Une feuille imprimée, à Paris, la veille ou l'avant-veille, aurait eu le temps de sécher; un second mouillage serait impossible, le papier ne le supporterait pas, il se déchirerait en passant sous la presse.

Il y aurait aussi une grande difficulté à imprimer la troisième et la quatrième page parallèlement à la première et à la seconde. Cet obstacle qui semble peu de chose en théorie est sérieux dans la pratique.

Par suite de l'envoi que l'on serait obligé de faire de ces feuilles encore humides superposées, un grand nombre de numéros arriveraient maculés en province.

Ces accidents nombreux apporteraient une augmentation de dépenses, car l'on serait obligé de faire venir de Paris une quantité plus considérable de numéros que celui dont on aurait réellement besoin.

Les deux systèmes dont nous venons de parler auraient tous deux un grand inconvénient, celui de limiter la vente des journaux, et cela dans les moments où elle aurait plus d'importance.

D'après notre projet, la moitié de la feuille devrait être imprimée en province pour renfermer les faits locaux qui ont un si grand intérêt. Or, il arrive souvent que le récit d'un événement important, que la discussion des questions locales doublent la vente d'un journal.

Il faudrait renoncer à cet avantage si de Paris l'on devait recevoir un nombre fixe de numéros.

Tous ces inconvénients n'existeraient pas si l'on envoyait de Paris des empreintes ou des clichés.

Le système des empreintes qui semble le meilleur et le plus économique n'est malheureusement pas réalisable.

Les imprimeurs de Paris ne pourraient tirer dans le temps voulu un nombre suffisant d'empreintes et les imprimeurs de province n'auraient ni le matériel suffisant ni des ouvriers assez capables pour l'opération toujours plus ou moins difficiles du clichage.

Nous nous sommes rejetés sur les clichés que nous avons étudié avec le plus grand soin.

Ce système aurait des avantages que nous ne pouvons vous faire mieux saisir qu'en mettant sous vos yeux le projet fait par un imprimeur des plus capables.

Les prix qu'il nous a donnés ont été contrôlés par des hommes compétents et trouvés modérés.

Nous avons pris comme type un journal à cinq colonnes de la largeur de celles des journaux de Paris avec une longueur proportionnée.

L'on nous enverrait deux pages clichées.

La composition coûterait 66 francs. La production et l'emballage de dix clichés reviendrait à 104 francs.

Pour calculer les frais de transport, nous avons pris les distances de Paris à Marseille, de Paris à Rouen, de Paris à Bordeaux, de Paris à Lyon; puis, nous avons établi une moyenne proportionnelle.

Nous avons obtenu la somme de 33 fr. 50 pour dix clichés. Cette somme ajoutée aux deux autres donne 203 francs.

Ce qui fait que chaque cliché nous reviendrait à 20 fr. 35. Si au lieu de dix, il y en avait vingt le cliché ne coûterait plus que 16 fr. 15.

A mesure que le nombre augmenterait, le prix diminuerait et l'économie réalisée deviendrait plus considérable.

Il faudrait ajouter à cela le prix de la rédaction.

Nous avons pensé qu'il vaudrait mieux faire clicher la deuxième et la troisième page. La première serait imprimée en province et porterait le nom du journal ; sur cette page seraient insérées les dépêches télégraphiques, correspondances, bulletins et articles de fonds, faits suivant les nuances plus ou moins accentuées du journal. La quatrième page serait réservée aux annonces et en même temps à la chronique locale, si la première était insuffisante.

La rédaction faite à Paris et envoyée en cliché aurait cet avantage d'être bien faite et d'être économique dès l'instant qu'elle serait répartie entre un certain nombre de journaux.

A Paris, l'on trouverait facilement une bonne rédaction, chose très-rare en province, où beaucoup de journaux succombent faute d'hommes capables pour les soutenir. On ne saurait trop le répéter, quelque triste que soit cet aveu, les rédacteurs de mérite sont difficiles à rencontrer.

On peut donc résumer ainsi les avantages que les clichés apporteraient aux journaux de province :

Economie dans la composition ; amélioration dans la rédaction.

Voici maintenant les inconvénients que l'on nous signale :

1º Tous les journaux adoptant ce système seraient obligés d'accepter le même format.

Cet inconvénient, croyons-nous, serait petit à côté des avantages que l'on retirerait.

2º Tel ou tel article inséré dans la rédaction venant de Paris pourrait ne pas plaire dans telle ou telle localité, et il faudrait le publier tout de même.

A cela nous répondons que nos articles et correspondances, étant conservateurs et religieux, sans nuance politique, ne déplairaient à aucun parti.

3º L'on objecte que tous les journaux qui emploieraient les clichés seraient en partie faits sur le même moule.

Nous ferons remarquer que mieux vaut qu'ils se

ressemblent et soient bien faits que d'avoir une originalité bizarre et surtout fort médiocre.

4° L'on nous dit que les imprimeurs de province viendraient à l'encontre de notre projet, parce qu'ils y verraient leurs intérêts lésés.

Il ne faut pas oublier que les journaux conservateurs et catholiques sont presque toujours la propriété des comités et que l'adhésion des imprimeurs ne serait nullement indispensable.

Nous sommes convaincus que les imprimeurs ne s'opposeraient pas à notre projet.

L'impression d'un journal donne une si grande importance à une imprimerie que les imprimeurs auraient intérêt à restreindre leurs bénéfices pour assurer l'existence d'un journal qui est pour eux une excellente réclame.

5° L'on craint que dans beaucoup de localités les clichés arrivent en retard ; mais il nous semble qu'ils arriveraient toujours aussi vite que les correspondances qui servent à faire le journal, car nous savons qu'ils seraient acceptés par les trains-postes.

En Belgique, ce système est en usage et il réussit ;

mais hâtons-nous d'ajouter que la Belgique est moins grande que la France ; qu'elle est plus sillonnée que nous par les chemins de fer, et, chose triste à avouer, qu'elle est plus avancée au point de vue du progrès.

Le système des clichés n'est pas nouveau en France.

La *Patrie* l'a essayé en Normandie. Chaque jour le numéro du journal était envoyé à Rouen en cliché : on laissait une page pour la chronique locale.

Ce mode de procéder n'a pas réussi.

Faut-il en rejeter la faute sur le système en général ou sur la manière dont il a été appliqué ?

C'est ce qu'il ne nous appartient pas de dire.

Toutefois nous devons vous communiquer la réflexion qui nous a été faite :

L'on nous a dit que si le journal n'avait pas réussi, c'était parce qu'il était une reproduction incomplète de la *Patrie*, et que beaucoup de gens préféraient recevoir la *Patrie* elle-même plutôt que ce journal mixte qui n'était pour eux ni la feuille de Paris, ni celle de la province.

Dès l'instant que nous aurions une rédaction spéciale, l'on ne pourrait plus nous adresser le même reproche.

L'objection la plus sérieuse contre notre projet semble être celle-ci :

Est-il prudent, à une époque troublée comme la nôtre, alors que nous sommes peut-être à la veille d'une crise sociale, de faire dépendre de Paris la presse de province?

Paris peut, à un moment donné, être séparé du reste de la France, comme il l'a déjà été par le fait de la guerre étrangère, et, ce qui est pire encore, de la guerre civile. Le gouvernement lui-même, s'il venait à tomber entre les mains de la démagogie, pourrait, à un moment donné, arrêter nos clichés et porter ainsi un coup fatal à la presse de province, si, par suite d'une combinaison nouvelle, celle-ci attendait de Paris son alimentation quotidienne.

Nous croyons donc, Messieurs, que, malgré ses grands avantages, le système des clichés aurait quelques inconvénients par les temps agités où nous vivons. Il est peut être prudent de remettre à des jours plus calmes la solution de ce problème.

Toutefois, si nous ne pouvons dès aujourd'hui apporter une économie dans la composition des journaux de province, nous pouvons en apporter une dans la rédaction.

Nous approchons du moment où vont se jouer les destinées de la France.

Dans cette grande lutte la presse sera, pour ainsi dire, notre seule arme.

Il ne s'agit donc pas de récriminer contre elle comme trop de gens sont portés à le faire. La presse existe avec ses avantages et ses inconvénients : il faut s'en servir et en faire le meilleur usage possible.

Servons-nous des armes que la Providence a mises entre nos mains, tâchons de les améliorer autant que cela peut dépendre de nous.

. Nos adversaires sont prêts, ils le répètent chaque jour ; et nous, avons-nous fait quelque chose pour repousser l'assaut que l'on prépare contre la société ?

Que l'on ne vienne pas nous reprocher de nous

préparer au combat : ce n'est pas nous qui avons engagé la lutte. Attaqués de toute part dans notre foi, dans nos familles et dans nos fortunes, nous devons nous défendre : abandonner la lutte serait une désertion.

Protestons tout d'abord contre ceux qui, jugeant la situation perdue, ne veulent rien tenter et se réjouissent du mal parce qu'ils espèrent qu'il amènera le bien.

Protestons contre ceux qui blâment et entravent les efforts des hommes de cœur et qui ne veulent compter que sur un miracle pour sauver la société.

C'est là, Messieurs, une manière déguisée de cacher la torpeur du parti conservateur qui trop souvent refuse de descendre dans l'arène.

C'est un prétexte pour l'égoïsme de ceux qui ne veulent faire aucun sacrifice pour soutenir la presse.

Enfin, c'est tenter la Providence : elle ne nous doit pas un miracle. Nous ne le méritons pas. Combattons comme c'est notre devoir; si nos efforts ne peuvent nous sauver, ils seront la prière qui apaisera la colère du Tout-Puissant et appellera sur nous ses miséricordes. A son jour et à son heure, Dieu fera triompher notre cause qui est la sienne, car la France a été et restera toujours la fille aînée de l'Eglise.

Laissons à d'autres le soin de préparer des comités où se réuniront toutes les forces vives de la nation, de faire des conférences où l'on apprendra les notions du devoir à un peuple auquel on n'a guère parlé jusqu'ici que de ses droits.

A nous de préparer les armes nécessaires pour la lutte, je veux dire la presse, et surtout la presse départementale!

A défaut de clichés nous voudrions voir organiser à Paris une correspondance ne renfermant pas seulement des nouvelles, mais encore des revues scientifiques et littéraires, et surtout des articles de fonds sur les grandes questions sociales, que nos adversaires exploitent si habilement contre nous. Notre correspondance serait un journal modèle qui, envoyé aux feuilles de province, leur assurerait une forte rédaction, qu'ils ne peuvent pas toujours se procurer.

Nous assistons, depuis longtemps, à la lutte du

travail et du capital; c'est sur ce terrain que s'en-gagent tous les démêlés politiques.

Nous voudrions voir des économistes traiter à fond cette question si délicate et lui préparer une solution pacifique.

Notre presse ne triomphera des préjugés répandus contre elle que si elle s'occupe sérieusement des questions ouvrières.

Il faut instruire l'ouvrier et lui montrer le capital comme un auxiliaire indispensable qui doit utiliser ses efforts.

Il faut le lui faire envisager comme un noble but qu'il doit atteindre par le travail et par l'économie.

Le jour où nous aurons réussi, l'ouvrier regardera le capital comme un ami et non plus comme un ennemi, car l'homme aime toujours l'objet de ses légitimes espérances.

Mais, nous dira-t-on peut-être, il y a parmi les ouvriers des hommes que la haine et l'envie rendent inaccessibles à tous les raisonnements.

Nous le savons; mais n'y a-t-il pas dans toutes

les classes des natures perverses, étrangères à tous
les sentiments généreux ? Faut-il pour cela déses-
pérer du salut de la société ?

A côté des ouvriers pervertis, il y en a d'égarés ;
ce sont ceux-là qu'il faut ramener ; ils nous fuient,
allons à eux !

Tenons-les en garde contre ces flatteurs qui font
appel à leurs passions pour satisfaire des ambitions
honteuses et qui se servent d'eux comme d'un mar-
chepied. Montrons-leur que nous sommes les défen-
seurs de leurs véritables intérêts.

Lorsque nous combattrons leurs erreurs, servons-
nous toujours de cette arme que le catholicisme a
faite pour nous : la charité.

Pardonnez-nous, Messieurs, si nous nous sommes
arrêtés un instant sur la question ouvrière, c'est que
nous la regardons comme la plus importante si nous
voulons travailler efficacement au salut de la so-
cieté.

Notre correspondance traitera toutes les grandes
questions qui unissent les conservateurs de toutes les
nuances, — la religion, la famille et la propriété. —

Sincèrement catholique, elle suivra les enseignements du Vicaire de Jésus-Christ.

A ceux qui, doutant du salut de la patrie, refusent de combattre, elle offrira l'exemple de cet admirable vieillard à qui Dieu a confié la barque de Pierre et qui, malgré l'âge et la maladie, lutte sans trève ni repos contre la tempête qui menace d'engloutir dans un immense naufrage notre société chrétienne.

Nous défendrons la famille si violemment attaquée, parce qu'elle est la base et la sauvegarde de toutes les sociétés.

Energiquement conservateurs, nous éviterons toutes les questions politiques qui nous divisent pour rester sur le terrain où nous nous sommes tous unis.

Il y a quelques mois, lorsque nos plus beaux monuments de Paris étaient la proie des flammes, tous les hommes de cœur étaient appelés à éteindre l'incendie. L'on ne s'occupait pas de leurs opinions politiques.

Aujourd'hui, on peut le dire, le feu est à l'édifice

social; pour l'arrêter, ce n'est pas trop du concours de tous les conservateurs sans distinction de nuance.

Pour compléter notre correspondance, il faudrait y joindre un service télégraphique qui nous enverrait des nouvelles toujours sûres, tandis que certaines agences fondées par la spéculation trompent souvent l'opinion publique.

Ces agences, veudues d'avance à tous les gouvernements, pourraient, à un moment donné, devenir une arme contre nous. Créons une concurrence afin de ne pas être toujours à leur merci.

Nous ne voudrions pas fonder une nouvelle correspondance, mais utiliser et perfectionner une ou plusieurs de celles qui existent déjà.

Notre journal modèle coûterait donc peu à organiser. Nous voulons croire que les catholiques et les conservateurs ne reculeront pas devant une dépense peu importante, qui apporterait une si grande amélioration dans la presse de province.

Depuis l'année dernière, un heureux progrès s'est accompli dans la presse catholique et conservatrice. Les journaux à un sou se sont multipliés sur tous es points de la France. Lyon a le *Télégraphe*,

Marseille le *Citoyen*, Bordeaux l'*Electeur*. Le Languedoc et la Bretagne ont aussi leurs journaux à cinq centimes.

Dans certains endroits, comme à Lyon et à Marseille, ces petites feuilles ont leur rédaction spéciale. Ailleurs, comme à Bordeaux, la composition est en partie prise dans un grand journal et l'on obtient ainsi une grande diminution.

Pour que les journaux à un sou puissent vivre s'ils font eux-mêmes leur rédaction, il leur faut un tirage de huit à dix mille numéros. Nous croyons donc qu'il serait imprudent de les trop multiplier.

Nous désirerions les voir établir non pas par département, mais par région ; il ne s'agit pas seulement de les créer, il faut encore qu'ils arrivent à se soutenir eux-mêmes.

Nous ne saurions trop applaudir, Messieurs, aux courageux efforts des conservateurs, qui ont compris que la première condition pour s'imposer aux masses c'était le bon marché.

Presque partout ces organes ont réussi grâce à

la générosité, au dévouement et à la persévérance opiniâtre de leurs fondateurs.

Nous voudrions connaître les noms de ces courageux pionniers de notre civilisation chrétienne pour les proposer à votre admiration, de même qu'après les batailles on cite à l'ordre du jour les soldats qui ont bien mérité de la patrie.

Qu'ils reçoivent ici l'expression de notre sympathie et de notre admiration, ces citoyens trop peu nombreux qui, malgré les critiques de nos adversaires, et — ce qui est plus triste encore — malgré l'indifférence coupable de nos amis, ont entrepris l'œuvre si ardue de la régénération du pays par la presse.

Plusieurs comités de province nous ont demandé d'organiser à Paris une feuille hebdomadaire à un sou. Après avoir longtemps examiné cette proposition, nous n'avons pas cru devoir l'encourager.

Il nous a semblé qu'un journal hebdomadaire, fait à Paris, serait sans intérêts pour nos populations agricoles, qui aiment surtout à connaître les faits de leurs localités et le prix de mercuriales de leur département.

Nous avons craint aussi de faire du tort à la presse de province alors que plus que jamais nous devions la soutenir.

Voilà le conseil que nous croyons devoir donner aux comités qui nous ont consultés.

Il existe, dans presque tous les départements, des journaux conservateurs; il faut s'entendre avec eux et au moyen de leur rédaction et de leur composition fonder à très-bas prix des journaux hebdomadaires.

Le *Télégraphe* de Lyon fait une édition du dimanche dans ces conditions; nous sommes à même d'affirmer que ce journal réussit à merveille et qu'il ne coûte presque rien.

Peut-être nous objectera-t-on que les journaux conservateurs ont parfois des opinions trop accentuées qui ne seraient pas bien accueillies par les populutions agricoles. Nous ferons remarquer que l'on pourrait ne prendre dans les journaux quotidiens ou semi-quotidiens avec lesquels on s'entendrait, que la partie des faits politiques ou locaux. En tête des journaux, on publierait un bulletin politique de la semaine fait dans un sens modéré.

L'on ajouterait également quelques nouvelles de

la localité afin de ne pas reproduire uniquement le journal quotidien.

Nous croyons devoir recommander tout particulièrement ce mode de procéder, car nous le regardons comme le plus économique et le plus facile à réaliser.

Comme conclusion, nous vous demandons, Messieurs, de décider que l'œuvre de la presse doit en ce moment passer la première aux yeux des catholiques et des conservateurs.

Nous nous adressons d'abord à la générosité et au dévouement, nous faisons aussi appel aux intérêts matériels.

En face des dangers qui nous menacent, il faut savoir sacrifier la partie pour sauver le tout : ainsi l'ordonne la simple prudence humaine.

Nous pouvons encore, Messieurs, nous organiser pour la lutte : si nous tardons davantage, peut-être entendrons-nous bientôt cette parole qui trop souvent déjà a retenti à nos oreilles : « Il est trop tard ! »

L'ennemi est à nos portes ; ne perdons pas de temps à des discussions stériles, mais agissons.

L'heure des grandes résolutions a sonné pour

nous. Le moment n'est plus à la parole, mais à l'action.

Soutenons la presse au prix des plus grands sacrifices : notre foi nous y convie, notre patriotisme nous en fait un devoir.

Il nous faut des organes pour défendre la religion attaquée et diffamée chaque jour par une presse sans honneur et sans frein.

Il nous faut des organes pour éclairer l'opinion publique et la tenir en garde contre un parti qui semble n'avoir qu'un but : entretenir la discorde dans les esprits et préparer la guerre civile.

Nous avons su trouver la rançon qu'il fallait pour libérer le territoire et nous délivrer de l'Allemand. Nous saurons trouver l'argent pour nous débarrasser d'un ennemi plus redoutable encore : la Démagogie.

C'est la patrie mutilée et sanglante qui nous demande des sacrifices. Ne l'oublions pas, Messieurs, cette patrie est la France.

Saint-Etienne, imp. FREYDIER, rue de la Bourse, 2.